Servus und willkommen im Oberbuchberger's

Ich bin Elisabeth und lebe mit meiner Familie auf dem 300 Jahre alten Oberbuchberg-Hof in Gasse bei Gmund oberhalb des Tegernsees. Unser Hof ist von sattgrünen Wiesen umgeben, auf denen unsere Kühe grasen. Der romantische Tegernseer Höhenweg führt hier vorbei und der Blick auf den See erinnert mich jeden Tag wieder an ein wundervolles Bilderbuch. Ja, in dieser zauberhaften Landschaft leben und arbeiten wir.

Oft träumte ich von einem kleinen Café mit Hofladen, in dem ich meine Kuchen, Aufstriche und besondere Dinge wie die Fotokarten meiner Tante Kathi, Geschenke aus Filz oder den gebrannten Schnaps meiner Schwiegerelten anbieten kann. Vor fünf Jahren ging dieser Traum in Erfüllung und ich habe das Oberbuchberger's eröffnet, einen Ort für Leib und Seele. Die Tische im Café tragen karierte Decken. Die Stühle bilden ein harmonisches Sammelsurium und die Holzbänke strahlen Behaglichkeit aus. Wir backen vieles nach alten Familienrezepten.

Die Zutaten stammen aus unserem Garten oder der Region. Ehrlich und sehr bodenständig – so mag ich es, so mögen es die Gäste.

Das Backen habe ich von meiner Mutter Resi gelernt. Sie war Haushaltshilfe, musste samstags arbeiten und stellte mir, als ich noch ein Kind war, die Zutaten bereit, legte das Rezept auf den Tisch und so war ich für den Sonntagskuchen verantwortlich.

In diesem Buch verrate ich zum ersten Mal meine Lieblingsrezepte. Ich bin sehr glücklich, dass meine Cousine Renate die jahreszeitlichen Dekorationsideen für dieses Buch kreiert hat und meine Freundin Ursl Rezepte mit Kräutern verrät. Denn darin ist sie Expertin.

Falls Sie, liebe Leserinnen und Leser, mal in der Nähe sind, schauen Sie doch vorbei und genießen Sie eine Auszeit im Oberbuchberger's.

Ich würde mich freuen

Herzlichst Ihre

Elisabeth Taubenberger

Inhalt

Das ist meine Familie!
Mein Mann und ich
haben drei Kinder.
Verena sehen sie ganz
links, der kleine Wirbel-
wind ist die Leni und
unser Bub heißt wie
mein Mann Anton

Frühling

Die Himmlische

2 Springformen 26 cm
Butter zum Einfetten
Etwas Mehl

Zutaten
Für den Teig
100 g Butter
125 g Zucker
4 Eigelb
150 g Dinkelmehl
½ TL Backpulver
Etwas Milch

Für das Baiser
4 Eiweiß
200 g Zucker
100 g Mandelplättchen

Für die Füllung
2 Becher Sahne
75 g Zucker
2 Becher Sauerrahm
Saft von 1 Bio-Zitrone
6 Blatt Gelatine

Zubereitung

Den Ofen auf 180 Grad Ober-/
Unterhitze vorheizen.
Zutaten für den Teig in eine
Schüssel geben, mit dem Mixer
verrühren. Rührteig in den
gefetteten, leicht bemehlten
Backformen verteilen.
Für das Baiser Eiweiß mit Zucker
steif schlagen. Baiser auf die
beiden Rührteige streichen, mit
Mandelplättchen bestreuen.
Die Böden bei 180 Grad circa
20 Minuten backen.
Für die Füllung Sahne mit Zucker
steif schlagen, Sauerrahm und
Zitronensaft dazugeben.

Gelatine auflösen, unter die
Sahnemasse heben.
Die Sahnecreme auf einen der
ausgekühlten Böden streichen.
Mit dem zweiten ausgekühlten
Boden – ich schneide ihn schon
vorher in 12 Kuchenstücke – die
Torte abdecken und mindestens
2 Stunden kalt stellen

*Mein Tipp:
Im Sommer mische ich
gern frische Himbeeren
in die Sahnecreme*

Süßes Herz zum Muttertag

Herzform
Butter zum Einfetten
Etwas Mehl

Zutaten
200 g Löffelbiskuit
100 g Butter
1 Pck. Götterspeise,
Waldmeister
1 Tasse Wasser
400 ml Sahne
1 Tasse Zucker
Saft von 1 Bio-Zitrone
200 g Frischkäse

Zubereitung
Löffelbiskuit in der Küchenmaschine zu kleinen Bröseln verarbeiten, mit der Butter zum Teig verkneten. Löffelbiskuitboden in die gefettete, leicht bemehlte Herzform drücken.
Götterspeise in einen kleinen Topf geben, mit Wasser erhitzen, verrühren, nicht kochen! Vom Herd nehmen, abkühlen lassen. Sahne steif schlagen.

Zucker, Zitronensaft, Frischkäse in eine Schüssel geben, verrühren, mit der lauwarmen Götterspeise vermengen, geschlagene Sahne unterheben. Frischkäsemasse auf den Boden streichen.
Die Torte am besten über Nacht in den Kühlschrank stellen

Frohe Ostern!

Meine Cousine Renate ist im wahrsten Sinne des Wortes ein Naturtalent beim Dekorieren. Ihre Materialien für die Ostertafel sind unter anderem Moos, Buchsbaum, Federn. Hier hat sie Ihnen einen sehr natürlichen Tisch gedeckt. Ihre Ideen zum Osterfest sind leicht umzusetzen:

Ei, Ei, Ei

Das Frühstücksei bekommt als dezenten Schmuck eine Feder mit in den Becher. Und wo wird der Eierbecher platziert? In der Kaffeetasse, deren Unterteller ein Kranz aus Mühlenbeckia ziert. Zum Färben einiger Eier hat sie einen Pastellton in Blau gewählt. Eine Spitzenbordüre kleidet die Eier besonders fein ein.

Meister Lampe

Der Osterhase hat seinen Lieblingsplatz in einem alten Emailletopf gefunden, der mit Moos weich gepolstert wird und um dessen Rand ein Kranz aus Palmkätzchen geflochten ist. Als Begleitung hat er sich ein prächtiges Ei mit einem Karohändchen ausgesucht.

Kranz und Nester

Zum Flechten eines Kranzes setzt Renate gern auf Buchsbaum. Winzige Wachteleier hat sie in ein Vogelnest gelegt, das sie verwaist bei einem Spaziergang fand. Gleich daneben, in einem zweiten Nest, zeigt sich ein in Moos eingepacktes Ei, das eine Karoschleife trägt. Federn und weitere Wachteleier machen das hübsche Ensemble komplett.

Osterlämmchen

Lämmchenform
Butter zum Einfetten
Etwas Mehl

Zutaten
75 g Butter
100 g Zucker
2 Eier
50 ml Eierlikör
125 g Mehl
1 gestr. TL Backpulver

Zum Dekorieren
Puderzucker

Zubereitung
Ofen auf 180 Grad
Ober-/Unterhitze vorheizen.
Butter, Zucker, Eier in eine
Schüssel geben, schaumig
schlagen, Eierlikör unterheben.
Mehl und Backpulver sieben,
portionsweise einrühren.
Teig in die gefettete, leicht
bemehlte Lämmchenform geben.
Bei 180 Grad circa 35 bis
45 Minuten backen.
Das Lämmchen 5 Minuten in
der Form abkühlen lassen, dann
herausnehmen.
Vor dem Servieren mit
Puderzucker bestreuen

*Dieses
Lämmchen gehört zu
unserem Osterfest.
Nach alter
Tradition trägt es
die Siegesfahne.
Sie steht für den Sieg
über den Tod, den Jesu
überwunden hat*

Eierlikörtorte

Springform 26 cm
oder 2 kleine
Springformen 16 cm
Butter zum Einfetten
Etwas Mehl
Spritzbeutel

Zutaten
Für den Boden
1 Tafel Zartbitter-
schokolade
5 Eier
80 g Butter
80 g Zucker
200 g Haselnüsse,
gemahlen

Für den Belag
2 Becher Sahne
2 Pck. Sahnesteif
Nach Belieben:
Schokoraspel
Nach Belieben:
Eierlikör

Zubereitung
Ofen auf 180 Grad
Ober-/Unterhitze vorheizen.
Schokolade reiben, Eier trennen.
Eiweiß steif schlagen. Eigelb,
Butter, Zucker in ein großes Gefäß
geben, mit dem Mixer verrühren.
Geraspelte Schokolade,
Haselnüsse in die Buttermischung
einarbeiten. Eischnee unterheben.
Springform/en einfetten, leicht
bemehlen. Masse einfüllen.
Achtung: Sie kann sehr weich
sein.
Bei 180 Grad circa 50 Minuten
backen. Boden auskühlen lassen.
Für den Belag Sahne mit
Sahnesteif steif schlagen. Zwei
Drittel auf dem Kuchenboden und
dem Rand verstreichen.
Spritzbeutel mit dem Rest Sahne
füllen, kleine Tupfer auf die
Außenseite des Kuchens spritzen.

Vor dem Servieren einen
Eierlikörspiegel über den
Kuchen gießen.
Mit Schokoraspel den Rand
verzieren

*Mein Tipp:
Den Boden kann
man sehr gut einige
Tage vorher backen*

Bienenstich mit Vanillesahne

Blech
Butter zum Einfetten
Etwas Mehl

Zutaten
8 Eier
300 g Zucker
350 g Mehl
1 Pck. Backpulver
100 g Mandelplättchen

Für die Füllung
800 ml Sahne
2 Pck. Paradiescreme,
Vanille

Zubereitung
Ofen auf 180 Grad
Ober-/Unterhitze vorheizen.
Eier mit der Küchenmaschine
mindestens 5 Minuten sehr
schaumig schlagen, Zucker
einrieseln lassen. Mehl mit
Backpulver sieben, unter die
Eiermasse heben.
Den Teig auf ein gefettetes,
leicht bemehltes Blech streichen.
Mandelplättchen darüber
verteilen. Bei 180 Grad circa 25
bis 30 Minuten backen.
Den ausgekühlten Boden
waagerecht durchschneiden.
Sahne mit Paradiescremepulver
aufschlagen. Die Creme auf
den unteren Boden streichen, den
zweiten Boden daraufsetzen.
Bienenstich mindestens
2 Stunden kühl stellen

Sommer

Blaubeer-Schmand-Torte

Springform 26 cm
oder 2 kleine
Springformen 16 cm
Butter zum Einfetten
Etwas Mehl

Zutaten
Für den Teig
100 g Butter
100 g Zucker
2 Eier
170 g Mehl
1 TL Backpulver

Für den Belag
250 g frische Blaubeeren

Für den Guss
200 ml Sahne
200 ml Schmand
30 g Zucker
20 g Vanillepuddingpulver
50 g Mandelplättchen

Zubereitung
Ofen auf 180 Grad
Ober-/Unterhitze vorheizen.
Butter, Zucker, Eier in eine
Schüssel geben, schaumig
aufschlagen. Mehl und
Backpulver mischen, sieben,
unter die Teigmasse heben.
Teig in die gefettete/n, leicht
bemehlte/n Springform/en
geben.

Blaubeeren waschen, trocken
tupfen, über den Teig verteilen.
Für den Guss Sahne, Schmand,
Zucker, Vanillepuddingpulver
in eine Schüssel geben,
mit dem Mixer verrühren.
Guss über die Blaubeeren
gießen, mit Mandelplättchen
bestreuen. Den Kuchen
bei 180 Grad circa
40 Minuten backen

Kirsch-Streuselkuchen

Springform 26 cm
Butter zum Einfetten
Etwas Mehl

Zutaten
200 g Butter
150 g Zucker
480 g Mehl
2 Gläser Kirschen,
à 680 g
2 Pck. Vanille-
puddingpulver

Zubereitung
Ofen auf 180 Grad
Ober-/Unterhitze vorheizen.
Butter, Zucker, Mehl zu einem Teig
kneten. Zwei Drittel des Teigs auf
den gefetteten, leicht bemehlten
Boden der Springform drücken.
Kirschen mit dem Großteil des
Safts in einen Topf geben, aufkochen. Puddingpulver mit dem
restlichen Kirschsaft anrühren, zu
den Kirschen geben. Eingedickte
Kirschen auf dem Teig verstreichen. Restlichen Teig zu Streuseln
formen, über den Kirschen
verteilen.
Bei 180 Grad circa 50 Minuten
backen

Pfiffig:
Aus dem Teig für
den Boden werden
gleichzeitig die
Streusel geformt

Käsesahnetorte

Springform 26 cm
Butter zum Einfetten
Etwas Mehl

Zutaten
Für den Biskuit
4 Eier
150 g Zucker
150 g Mehl
1 Pck. Backpulver

Für die Creme
400 g Sahne
2 Pck. Sahnesteif
400 g Quark
150 g Zucker

Für die Dekoration
Frische Beeren

Zubereitung
Ofen auf 180 Grad
Ober-/Unterhitze vorheizen.
Eier mit dem Mixer sehr
schaumig schlagen, Zucker
einrieseln lassen. Mehl mit
Backpulver mischen, sieben,
unter den Teig heben. Biskuitteig
in die gefettete, leicht bemehlte
Springform geben, bei 180 Grad
circa 20 Minuten backen.
Für die Creme Sahne mit
Sahnesteif in einem großen Gefäß
steif schlagen, Quark und Zucker
unterheben. Creme auf dem aus-
gekühlten Biskuitboden verteilen.
Torte über Nacht in den
Kühlschrank stellen.
Vor dem Servieren mit frischen
Beeren garnieren

Mein Tipp:
Die Käsesahnecreme
schmeckt auch lecker
mit einem
Schuss Amaretto

... ♡ ...

Wir verwenden die
Milch von unseren
glücklichen Kühen
... ♡ ...

Immer mit der Ruhe!

Aprikosen-Streuselkuchen

Blech
Butter zum Einfetten
Etwas Mehl

Zutaten
Für Teig/Streusel
250 g Butter
180 g Zucker
1 Ei
500 g Mehl

Für den Belag
1 Kilo Aprikosen

Zubereitung
Ofen auf 180 Grad
Ober-/Unterhitze vorheizen.
Butter, Zucker, Ei und Mehl zu
einem Mürbeteig verarbeiten.
Gut zwei Drittel des Teigs
auf den Boden des gefetteten,
leicht bemehlten Blechs drücken.
Aprikosen waschen,
entkernen, in Streifen
schneiden, gleichmäßig auf
dem Teig verteilen.
Den restlichen Teig zu
Streuseln verarbeiten,
über die Aprikosen geben.
Kuchen bei 180 Grad
circa 50 Minuten backen

Käsekuchen im Miniformat

Kleine, feuerfeste
Förmchen
Butter zum Einfetten

Zutaten
Für die Creme
4 Eier
150 g Zucker
100 g Sonnenblumenöl
500 g Magerquark, 20 %
200 g Sauerrahm
40 g Vanillepuddingpulver

Für den Belag
Beeren nach Geschmack

Zubereitung
Ofen auf 180 Grad
Ober-/Unterhitze vorheizen.
Eier trennen. Eiweiß
steif schlagen.
Eigelb und Zucker
in ein großes Gefäß geben,
verrühren, Öl hinzufügen.
Quark und Sauerrahm
unterheben,
Puddingpulver zugeben.
Alles gut vermengen,
danach den Eischnee unterheben.
Masse in die gefetteten
Förmchen füllen. Bei 180 Grad
circa 20 bis 25 Minuten
backen. Mit Beeren garnieren

Sommertraum

Im Sommer ist Renate (im Foto oben) im Blumenrausch. Rosen liebt sie über alles. Ganz klar, dass diese dann auch auf dem Kaffeetisch in Szene gesetzt werden ...

Löffel, Gabel ...

Das Besteck wird auf die Serviette gelegt und mit einem Karobändchen zusammengebunden. Als Schmuck werden zwei Rosen dazugesteckt. Tipp: Die Blumen sollten sich farblich der Serviette anpassen, das schenkt Harmonie.

Blumenstrauß

Die Blumen – am liebsten aus dem Garten – werden Ton in Ton zusammengestellt. Hier finden sich verschiedene Rosensorten mit unterschiedlich großen Knospen. Statt in einer Vase erblühen sie in einer alten Suppenterrine.

Kleine Hingucker

Selbst wenn der Tisch mit einem modernen Geschirr gedeckt ist, steht der Tafel etwas Nostalgie recht gut. Schon Einzelstücke wie eine Zuckerdose, die seit vielen Generationen im Familienbesitz ist und schöne Erinnerungen weckt, zaubern Atmosphäre.

Hausgemachtes für die Brotzeit

Tomate-Rucola

Bergkas-Butter

Fleischsalat

Rote Bete

Kürbisaufstrich

Bergkas-Butter

Zutaten
250 g Butter
150 g Bergkäse, gerieben
5 Tomaten, getrocknet
Salz

Zubereitung
Butter und Bergkäse in eine Schüssel
geben. Tomaten klein schneiden,
zur Buttermasse geben,
alles gut miteinander vermengen,
mit Salz abschmecken

Fleischsalat

Zutaten
4 Wiener Würstchen
6 Essiggurken
2 EL Essiggurkenwasser
175 g Frischkäse

Zubereitung
Würstchen und Essiggurken
sehr klein schneiden,
in eine Schüssel geben,
mit Gurkenwasser verrühren.
Frischkäse unterheben

Tomate-Rucola

Zutaten
1 Bund Rucola
8 Cocktailtomaten
175 g Frischkäse
Salz

Zubereitung
Rucola und Cocktailtomaten
klein schneiden, in ein Gefäß geben.
Frischkäse untermischen,
mit Salz abschmecken

Rote Bete

Zutaten

1 Pck. Rote Bete, vakuumiert
200 g Fetakäse
175 g Frischkäse
Salz, Pfeffer

Zubereitung

Rote Bete in der Küchenmaschine
klein häckseln, Fetakäse und
Frischkäse dazugeben. Gut verrühren,
mit Salz und Pfeffer abschmecken

Kürbisaufstrich

Zutaten

250 g Kürbisfruchtfleisch
Salz, Pfeffer
300 ml Wasser
1 kleine Zwiebel
6 Essiggurken
200 g Frischkäse

Zubereitung

Kürbisfruchtfleisch in einen Topf geben, im
gesalzenen Wasser 30 Minuten leicht köcheln
lassen, danach pürieren. Zwiebel schälen,
fein hacken. Essiggurken klein schneiden.
Frischkäse in eine Schüssel geben, Kürbispüree,
Zwiebel, Gurke hinzufügen, umrühren,
mit Salz und Pfeffer abschmecken

Spinatsuppe

Zutaten
1 Knoblauchzehe
1 Zwiebel
3 EL Speiseöl
4 kleine Kartoffeln
1,5 l Wasser
500 g Spinat
Salz, Pfeffer
1 Schuss Weißwein

Zubereitung
Knoblauchzehe und Zwiebel schälen, würfeln. In einem großen Topf das Öl erhitzen, Knoblauch- und Zwiebelwürfel darin dünsten. Kartoffeln schälen, würfeln, in den Topf geben, anbraten. Dann mit Wasser aufgießen, 15 Minuten köcheln lassen. Frischen Spinat waschen, trocken tupfen, in die Suppe geben. Nach circa 5 Minuten die Suppe pürieren, mit Salz, Pfeffer, Weißwein abschmecken

Mein Tipp:
Im Frühling verwende ich statt Spinat auch Bärlauch und garniere die Suppe mit Sahne und Gänseblümchen

Zucchinisuppe

Zutaten

2 EL Öl
1 Zwiebel
1 Knoblauchzehe
500 g Zucchini
1 Kartoffel
750 ml Gemüsebrühe
100 ml Sahne
Salz, Pfeffer

Zubereitung

Öl in einen großen Topf geben. Zwiebel und Knoblauchzehe schälen, würfeln, im Öl dünsten Zucchini waschen, klein schneiden, Kartoffel schälen, würfeln, alles in den Topf geben, mit der Brühe aufgießen. Zugedeckt bei kleiner Hitze weich kochen. Sahne dazugeben, Suppe pürieren, mit Salz, Pfeffer abschmecken

Ursl, die Kräuterfee

Auf dem Bild sehen Sie meine Freundin Ursl Schwarzenböck. Eine Kräuterfee. Ihr frühes Wissen hat sie von ihrer Mutter, mit der sie als Kind Frauenmantel auf der Alm pflückte oder Lindenblüten zupfte. Bei Grippe wurde sie ins wunderwirkende Heublumenbad gesteckt.

Ursl folgte dieser Tradition, sie machte eine Ausbildung zur Kräuterpädagogin und Gartenbäuerin. Für dieses Buch hat sie Brennnesselspätzle und Holundersirup gekocht und Rosentaler gebacken.

Auch verrät sie einen leckeren Belag fürs Brot: wilde Tegernseer Butterbrotblüten. Dazu gehören Kornblume, Taubnesselblüten, Rosen, Ringelblume, Kamille und Ur-Steinsalz

Die Wild-Kräuterwerkstatt

Gartenbäuerin
Kräuterpädagogin & Floristin

Ursl Schwarzenböck

Holzerstr. 31
83707 Bad Wiessee

ursl@wildes-kraut.com

Hollerbeeren - Sirup

Schwarzer Holundersaft, Zucker,

Zum Mischen für Tee, Schorle, Punsch
Sehr fein mit Prosecco

250 ml   mindest haltbar bis siehe Boden

Hollerbeerensirup

Dampfentsafter
Kleine Flaschen

Zutaten
Für 1 Liter Saft
2,5 kg Hollerbeeren
500 g Kristallzucker
500 g brauner Zucker

Zubereitung
Die Beeren waschen, entstielen. In den untersten Teil des Dampfentsafters Wasser füllen, in das obere Sieb die Beeren geben. Circa 1 Stunde kochen, bis die Beeren entsaftet sind Den Saft in einen großen Topf geben, mit Kristallzucker und braunem Zucker zu einem Sirup kochen. Sirup in die Flaschen füllen, gut verschließen

Kurz erklärt:
Durch die hohe Zuckergabe hält der Sirup ein Jahr und man braucht keine anderen Konservierungsstoffe

Tegernseer Brennnesselspätzle

Zutaten
Für den Teig
1 kl. Knoblauchzehe
2 Handvoll frische
Brennnessel
2 TL Öl
5 Eier
1 TL Salz
1 Msp. Muskatnuss
200 ml Wasser
550 g Dunstmehl

Für die Käsemasse
Feine Zwiebelwürfel
nach Geschmack
Etwas Butter
300 ml Sahne
200 g Reibekäse,
ich nehme die Tegernseer
Reibkasmischung
Salz, Pfeffer
Frische Kräuter wie
Giersch, Schnittlauch

Zubereitung
Geschälte Knoblauchzehe und
Brennnesselblätter in ein Gefäß
geben, fein mixen, nach und nach
das Öl hinzufügen. Die Masse soll
frei von Kräuterfasern sein.
Eier, Salz, Muskatnuss, Wasser
zugeben, kräftig aufschlagen, mit
dem Mehl zum Spätzleteig fertig
schlagen. Der Teig ist perfekt,
wenn er kleine Blasen beim
Schlagen wirft.
Dann die Spätzle ins kochende
Salzwasser hobeln, aufkochen
lassen, in ein Sieb gießen, mit
kaltem Wasser abschrecken.
Für die Käsemasse Zwiebelwürfel
in Butter anschwitzen, Sahne
aufgießen, aufkochen lassen, bei
niedriger Temperatur Reibekäse
einrühren, bis eine homogene
Masse entsteht, würzen.
Spätzle unterheben. Doch: Vor-
sicht bitte, dass nichts anbrennt

*Was ist
Dunstmehl?
Dunstmehl klumpt
nicht und ist eine
Mischung aus Grieß
und Mehl*

Feine Rosentaler

Blech
Backpapier
Klarsichtfolie

Zutaten
Für den Teig
1 Ei
300 g Butter
150 g Puderzucker
400 g weißes Dinkelmehl
80 g Mandeln, gemahlen
Salz
Abrieb von 1 Bio-Zitrone
Mark von 1 Vanilleschote

Für den Belag
100 g feinen Rosenzucker

Zubereitung
Backofen auf 170 Grad
Ober-/Unterhitze vorheizen.
Ei, Butter, Puderzucker,
Mehl, Mandeln, Salz,
Zitronenabrieb, Vanillemark
in eine Schüssel geben, zum
Mürbeteig verkneten.
Den Teig in Folie wickeln,
über Nacht in den Kühlschrank
stellen.
Dann den Teig halbieren,
zu zwei langen Rollen formen.

Von diesen Rollen je 0,5 cm
dicke Scheiben abstechen.
Die Taler auf das mit
Backpapier ausgelegte Blech
legen, circa 10 Minuten backen.
Die Taler sind perfekt,
wenn sie goldbraun aussehen.
Die noch warmen Taler mit
der Oberseite in Rosenzucker
tauchen

Herbst

Schneewittchen-Kuchen

Springform 26 cm
Tortenring
Butter zum Einfetten
Etwas Mehl

Zutaten
250 g Sauerkirschen,
entsteint
100 g Butter
150 g Zucker + 50 g Zucker
3 Eier
150 g Mehl
2 TL Backpulver
2 EL Kakaopulver
400 ml Sahne
2 Pck. Sahnesteif
500 g Quark, 20 %
2 Pck. Tortenguss, weiß

Zubereitung
Backofen auf 175 Grad Ober-/
Unterhitze vorheizen. Kirschen
abtropfen lassen, Saft auffangen.
Butter, 150 g Zucker, Eier in ein
großes Gefäß geben, schaumig
schlagen. Mehl mit Backpulver
vermischen, sieben, unterrühren.
Die Hälfte des Teigs in die
gefettete, leicht bemehlte Springform geben. Kakao unter den
restlichen Teig rühren, Masse auf
den hellen Teig streichen. Kirschen
darauf verteilen. Im Ofen bei 175
Grad circa 40 Minuten backen.
Auskühlen lassen.
Sahne mit Sahnesteif steif
schlagen. Quark, 50 g Zucker,
verrühren. Sahne unterheben.
Tortenring um den Boden legen,
Quarksahnemasse auf den Boden
streichen. Mindestens 1 Stunde
kalt stellen.

Kirschsaft mit Wasser auf 400 ml
auffüllen, in einen Topf geben,
erwärmen, Tortenguss einrühren,
gut aufkochen. Guss etwas abkühlen lassen, esslöffelweise auf
dem Quark verteilen

„Denk daran,
du bist derjenige,
der die Welt mit
Sonnenschein
füllen kann."

Aus: Schneewittchen
und die sieben Zwerge

Buchweizenkuchen

Springform 26 cm
Butter zum Einfetten
Etwas Mehl

Zutaten
6 Eier
200 g Butter
200 g Rohrzucker
200 g Buchweizen,
gemahlen
200 g Haselnüsse, gerieben
1 TL Backpulver
1 Prise Salz

Zubereitung
Ofen auf 180 Grad
Ober-/Unterhitze vorheizen.
Eier trennen. Eigelb, Butter,
Zucker in eine große Schüssel
geben, mit dem Mixer
schaumig rühren.
Buchweizenmehl, Haselnüsse,
Backpulver hinzugeben,
verrühren. Eiweiß mit einer
Prise Salz steif schlagen,
vorsichtig unter den Teig heben.
Die Masse in die gefettete,
leicht bemehlte Springform
füllen. Den Kuchen bei
180 Grad circa 60 Minuten
backen

*Mein Tipp:
Den Kuchen statt in
einer runden Form in
einer rechteckigen
backen. Nach dem
Auskühlen waagerecht
durchschneiden,
Johannisbeerkonfitüre
auf den Boden
streichen. Kuchen-
deckel daraufsetzen, mit
Sahne servieren*

Florentiner Apfelkuchen

Springform 26 cm
Butter zum Einfetten
Etwas Mehl

Zutaten
Für den Teig
200 g Dinkelmehl
100 g Butter
75 g Zucker
1 Ei

Für die Füllung
1 Kilo Äpfel, gern Boskop
60 g Zucker
2 EL Zitronensaft

Für den Guss
50 g Butter
1 EL Honig
75 g Zucker
3 EL Milch
100 g Mandelplättchen

Zubereitung
Ofen auf 180 Grad
Ober-/Unterhitze vorheizen.
Für den Mürbeteig Mehl in eine
Schüssel geben, Butter, Zucker,
Ei hinzufügen. Mit dem
Knethaken des Mixers rasch
zu einem glatten Teig verarbei-
ten. Den Teig auf den Boden der
gefetteten, leicht bemehlten
Springform drücken.
Für die Füllung Äpfel schälen,
vierteln, Kerngehäuse entfernen,
Äpfel in Spalten schneiden.
Spalten in einen Topf geben,
mit Zucker und Zitronensaft
dünsten, abkühlen lassen.
Für den Guss Butter mit Honig,
Zucker, Milch erhitzen.
Etwa 5 Minuten bei schwacher
Hitze einkochen lassen.

Vom Herd nehmen,
Mandelplättchen unterrühren,
abkühlen lassen.
Apfelfüllung auf dem Teig
verteilen, glatt streichen.
Den Guss vorsichtig über
den Apfelspalten verteilen.
Kuchen bei 180 Grad
circa 50 Minuten backen

Kürbiskuchen

Springform 26 cm
Butter zum Einfetten
Etwas Mehl

Zutaten
200 g Kürbisfruchtfleisch
5 Eier
220 g Zucker
Saft von 1 Bio-Zitrone
200 g Haselnüsse,
gemahlen
60 g Mehl
2 TL Backpulver

Zubereitung
Ofen auf 180 Grad
Ober-/Unterhitze vorheizen.
Kürbisfruchtfleisch fein raspeln.
Eier mit Zucker, Zitronensaft in
eine Schüssel geben, schaumig
schlagen. Geraspelten Kürbis
untermischen. Haselnüsse
mit Mehl und Backpulver
zügig unter die Kürbismasse
rühren.
Teig in die gefettete, leicht
bemehlte Springform
füllen. Bei 180 Grad circa 35
bis 40 Minuten backen

Mein Tipp:
Mit einem Klecks
frisch geschlagener
Sahne, die mit Zimt
abgeschmeckt ist,
servieren

Kirchweihgebäck

Großer Topf
Nudelholz
Teigrad
Kochlöffel

Zutaten
Für den Teig
375 g Mehl
1 Prise Salz
50 g Zucker
Etwas Vanille
50 g Butter
3 Eier
2 EL Sauerrahm

Zum Ausbacken
Butterschmalz

Zum Dekorieren
Puderzucker

Zubereitung

Mehl auf die Arbeitsplatte sieben, Salz, Zucker, Vanille untermengen. Butter in Stücke schneiden, in den Teig einarbeiten. Mit Eiern und Rahm zu einem glatten Teig verkneten. Teig zu einer Rolle formen, davon 1 cm dicke Scheiben abschneiden. Die Scheiben zu dünnen Fladen in der Größe eines Kuchentellers ausrollen. In den Fladen etwa 1 cm breite Streifen radeln. Dabei lässt man jedoch rundherum einen Rand von einem Zentimeter stehen. Mit einem Kochlöffelstiel nimmt man jeden zweiten Streifen auf (siehe auch Foto rechts). Bratfett im Topf erhitzen, Teigstreifen in das heiße Fett geben und dabei mit dem Kochlöffel zu einem Schneeball drehen. Das Gebäck hell ausbacken, abtropfen und abkühlen lassen. Vor dem Servieren mit Puderzucker bestreuen

Das Kirchweihgebäck, auch Schneeballen genannt, backen wir traditionell einige Tage vor dem 3. Sonntag im Oktober zur Kirchweih

Kürbissuppe mit Kokosmilch

Zutaten

1 kg Hokkaidokürbis
40 ml Kokosöl
1 Zwiebel
1 kleines Stück Ingwer
1 l Gemüsebrühe
250 ml Kokosmilch
Salz, Pfeffer

Zubereitung

Fruchtfleisch aus dem Kürbis schneiden, grob würfeln. Kokosöl in einen großen Topf geben, erhitzen, Zwiebel schälen, im Öl dünsten. Ingwer schälen, in kleine Stücke schneiden, dazugeben. Kürbisfleisch kurz mitdünsten. Brühe aufgießen. Mit geschlossenem Deckel circa 20 Minuten köcheln lassen, bis der Kürbis weich ist. Suppe pürieren, Kokosmilch zugeben, mit Salz und Pfeffer abschmecken

Karotten-Ingwer-Suppe

Zutaten

300 g Karotten
100 g Kartoffeln
3 EL Öl
1 kleines Stück Ingwer
750 ml Gemüsebrühe
Salz, Pfeffer
1 TL Currypulver
100 ml Saure Sahne

Zubereitung

Karotten und Kartoffeln schälen, in grobe Stücke schneiden. Öl in einem großen Topf erhitzen. Geschälten, klein geschnittenen Ingwer, Karotten, Kartoffeln darin dünsten, mit der Brühe aufgießen. Mit Salz, Pfeffer, Currypulver würzen. 20 Minuten mit geschlossenem Deckel köcheln lassen. Suppe pürieren, Saure Sahne zugeben und nochmals abschmecken

Rote-Bete-Suppe

Zutaten

400 g Rote Bete
100 g Kartoffeln
1 Zwiebel
40 g Butter
750 ml Gemüsebrühe
1 EL Meerrettich
100 ml Sahne
Salz, Pfeffer
Etwas Kresse

Zubereitung

Rote Bete, Kartoffeln,
Zwiebel schälen, würfeln.
Butter in einen großen
Topf geben, Zwiebelwürfel
darin dünsten, Rote Bete,
Kartoffeln zugeben,
mit der Brühe aufgießen.
Circa 15 Minuten
mit geschlossenem
Deckel köcheln lassen.
Suppe pürieren, Meerrettich
und Sahne dazugeben,
kurz aufkochen und
mit Salz, Pfeffer
abschmecken.
Vor dem Servieren mit
Sahne und Kresse garnieren

Herbstzauber

Willkommensgruß

Im Herbst verliebt sich meine Cousine Renate in Hortensien, Buchsbaum, Hagebutten, Zierapfel, Efeu. Mit ihren flinken Händen und ganz viel Fantasie bindet sie daraus Kränze. Sie sind ein liebevoller Willkommensgruß an der Haustür, zieren aber auch die Kaffeetafel. Wenn im Oberbuchberger's ein Fest ansteht, gehören Renates Kränze in allen Größen zum viel bestaunten Schmuck. Blumen und Zweige zum Binden findet sie auf ihren Streifzügen durch den Garten oder auf Spaziergängen. Sie ist eine Sammlerin und ihre Kreativität eine große Gabe. Ihr Hobby macht sie glücklich und diese Leidenschaft spiegeln ihre Kunstwerke.

Schritt für Schritt

Auf dieser Seite zeigt sie Ihnen, wie sie einen Kranz bindet. Als Rohling wird ein Schlauch aus Kunststoff genommen, den gibt es in jedem Baumarkt. Er wird mit Moos umwickelt, für Festigkeit sorgt ein Blumendraht.

Die Natur als Vorbild

„Ich achte auf die Farbharmonie, die uns die Natur vorgibt. Zum Beispiel die verschiedenen Rosé- und Grüntöne der Hortensien, die sich in anderen Pflanzen des Kranzes wiederfinden", sagt sie. Ihr Tipp: Die Blumen und Zweige nicht zu kurz abschneiden. Sie werden mit Blumendraht fest um den Kranz gebunden, Blume für Blume, Zweig für Zweig. Für den Kranz auf dieser Seite hat sie unter anderem Efeublüte, Currykraut, Fette Henne, Zierapfel und ihre traumhaften Hortensien verwendet.

Fruchtaufstriche

6-8 Gläser mit
Schraubverschluss

Zutaten
1200 g Obst
(nur bei Holler-Birne
nehme ich 400 ml Holler-
saft und 800 g Birnen)
500 g Gelierzucker, 2:1
Saft von 1 Bio-Zitrone

Zubereitung
Obst waschen, grob zerkleinern, in
einen großen Topf geben.
(Beziehungsweise beim Holler-
Fruchtaufstrich Saft und Obst in
den Topf geben).
Mit Gelierzucker und Zitronensaft
aufkochen, pürieren. Noch einmal
circa 3 Minuten aufkochen
lassen, dabei umrühren. Um zu
schauen, ob der Fruchtaufstrich
fest wird, mache ich eine Gelier-
probe. Einfach einen kleinen
Löffel Fruchtaufstrich auf einen
Teller streichen. Wenn es geliert,
passt es, sonst noch ein bisschen
kochen lassen.
Den Fruchtaufstrich in die gut
ausgespülten Gläser füllen. Deckel
gut zudrehen, Gläser 5 Minuten
auf den Kopf stellen

Selbstgemachtes aus unserem Hofladen

In unserem Hofladen gibt es einige kulinarische Überraschungen, die wir selbst machen. Zum Beispiel unsere gebrannten Schnäpse mit Zwetschgen, Birnen oder Äpfeln von den Oberbuchberger-Wiesen. Unser Obst wandert auch in unsere Fruchtaufstriche.

Selbstverständlich stehen auch die Kräutermischungen von meiner Freundin Ursl im Regal.
Und wir bieten unseren Gästen ausgesuchte Geschirrtücher an, Deko aus Filz und zuckersüße Erdbeeren, die keine Kalorien haben – denn diese näht meine Schwiegermutter Friedl (im Foto rechts) mit ganz viel Liebe zum Detail.

Schokoladenkuchen

Kastenform 32 cm
Butter zum Einfetten
Etwas Mehl

Zutaten
6 Eier
220 g Zucker
125 ml lauwarmes Wasser
125 ml Sonnenblumenöl
375 g Dinkelmehl
1 Pck. Backpulver
5 EL Kakaopulver

Zubereitung
Den Ofen auf 180 Grad
Ober-/Unterhitze vorheizen.
Eier trennen.
Eiweiß steif schlagen. Eigelb mit
Zucker, Wasser in eine große
Schüssel geben, mit Öl schaumig
rühren. Dinkelmehl, Backpulver,
Kakao und Eiweiß unter die
Eigelbmasse heben.
Dann den Teig in die
gefettete, leicht bemehlte
Kastenform geben und
bei 180 Grad circa
60 Minuten backen

*Mein Tipp:
In der Weihnachtszeit
nehme ich statt des
Wassers Rotwein und
gebe 1 Teelöffel
Lebkuchengewürz in die
Teigmasse*

Käsekuchen mit Mohn

Springform 26 cm
Butter zum Einfetten
Etwas Mehl

Zutaten
Für den Teig
75 g Butter
75 g Zucker
1 Ei
200 g Mehl

Für die Mohnmasse
375 ml Milch
100 g Zucker
1 EL Honig
30 g Butter
250 g Mohn
1 Prise Zimt
3 EL Semmelbrösel

Für die Creme
4 Eier
150 g Zucker
100 g Sonnenblumenöl
500 g Magerquark, 20 %
200 g Sauerrahm
40 g Vanillepuddingpulver

Zubereitung
Ofen auf 180 Grad
Ober-/Unterhitze vorheizen.
Zutaten für den Teig in eine
große Schüssel geben,
verkneten. Teig auf den Boden
der gefetteten, leicht bemehlten
Springform drücken.
Für die Mohnmasse Milch, Zucker,
Honig und Butter in eine Pfanne
geben, erhitzen, dabei rühren,
damit nichts anbrennt. Mohn,
Zimt, Semmelbrösel nach und
nach hinzufügen. Alles sehr gut
vermengen.
Die warme Masse auf dem
Teigboden verteilen.

Für die Creme Eier trennen.
Eiweiß steif schlagen. Eigelb
und Zucker in ein Gefäß geben,
verrühren, Öl hinzufügen. Quark
und Sauerrahm unterheben,
Puddingpulver zugeben.
Alles gut vermengen, danach
den Eischnee unterheben.
Masse über den Mohn streichen.
Kuchen bei 180 Grad
circa 45 Minuten backen

Gemütliche Weihnachten!

Mandelmakronen

Blech
Spritzbeutel
Backpapier

Zutaten
4 Eiweiß
2 TL Zitronensaft
200 g Zucker
250 g Mandeln, gemahlen
100 g Marzipan
Schokoladenglasur

Zubereitung
Ofen auf 130 Grad Ober-/
Unterhitze vorheizen.
Eiweiß, Zitronensaft in ein Gefäß
geben, mit dem Mixer steif
schlagen, dabei den Zucker
einrieseln lassen, alles zu einer
schnittfesten Masse schlagen,
Mandeln unterheben.
Masse in den Spritzbeutel geben,
kleine Häufchen auf das mit Backpapier ausgelegte Blech spritzen.
Bei 130 Grad circa 30 Minuten
backen. Auskühlen lassen.
Marzipan zu kleinen Kügelchen formen. Je ein Kügelchen
zwischen zwei Makronen geben,
vorsichtig zusammendrücken.
Schokoladenglasur im Wasserbad
schmelzen, die Makronen oben
mit der Schokolade bepinseln

Nougattaler

Blech
Klarsichtfolie
Butter zum Einfetten
Etwas Mehl

Zutaten
Für den Teig
280 g Mehl
80 g Puderzucker
180 g kalte Butter
2 Eigelb
1 Prise Salz

Für die Füllung
200 g Nougatmasse

Für die Glasur
Schokoladenkuvertüre,
Vollmilch

Zubereitung
Backofen auf 180 Grad
Ober-/Unterhitze vorheizen.
Mehl, Puderzucker in eine große
Schüssel sieben. Butter in kleine
Stücke schneiden, auf das Mehl
setzen. Eigelb, Salz hinzufügen,
rasch mit den Händen verkneten.
Teig zu zwei Rollen formen,
diese in Folie wickeln,
mindestens 1 Stunde in den
Kühlschrank stellen.
Von den Teigrollen circa 8 mm
dünne Scheiben abschneiden, auf
das gefettete, leicht bemehlte
Blech geben.
Bei 180 Grad circa 12 bis
15 Minuten backen.
Plätzchen auskühlen lassen.

Nougatmasse im Wasserbad
weich werden lassen.
Je ein Plätzchen damit
bestreichen, ein zweites, nicht
bestrichenes Plätzchen
daraufsetzen.
Kuvertüre im Wasserbad
schmelzen, die Nougatplätzchen
damit verzieren

Lebkuchen aus Kindertagen

Blech
Butter zum Einfetten
Etwas Mehl
50 Oblaten

Zutaten
Für den Teig
200 g Eiweiß
500 g Puderzucker
75 g Orangeat
75 g Zitronat
250 g Mandeln, gemahlen
75 g Mandeln, gehobelt
190 g Marzipan-Rohmasse
65 g Mehl
60 g Keksbrösel
12 g Lebkuchengewürz
2 g Hirschhornsalz

Für die Glasur
Schokoladenkuvertüre,
Vollmilch

Für die Verzierung
Einige Pistazienkerne,
gehackt

Zubereitung
Eiweiß und Puderzucker in ein
Gefäß geben, zu Schnee schlagen.
Orangeat und Zitronat sehr klein
hacken. Mit Mandeln, Marzipan,
Mehl, Keksbröseln, Lebkuchenge-
würz, Hirschhornsalz unter den
Eischnee mischen.
Masse auf die Oblaten streichen,
12 Stunden trocknen lassen.
Danach die Lebkuchen bei
170 Grad Ober-/Unterhitze
circa 30 Minuten backen.
Auskühlen lassen.
Kuvertüre im Wasserbad
schmelzen, die Lebkuchen damit
bestreichen. Trocknen lassen und
mit Pistazienkernen verzieren

*Mein Tipp:
Ich setze die Oblaten
auf eine kleine
umgedrehte Schüssel,
fülle die
Lebkuchenmasse mit
einem Esslöffel darauf
und streiche sie
mit dem Messer glatt*

Bärentatzen

Blech
Butter zum Einfetten
Etwas Mehl
Spritzbeutel

Zutaten
Für den Teig
50 g Marzipan-Rohmasse
150 g Zucker
2 Eier
250 g Butter
1 Prise Salz
175 g Speisestärke
50 g Kakaopulver
200 g Mehl

Für die Glasur
Etwas Nutella
150 g Kuchenglasur, weiß

Zubereitung
Backofen auf 200 Grad Ober-/ Unterhitze vorheizen. Marzipan, Zucker, Eier in ein großes Gefäß geben, verrühren. Butter, Salz, Speisestärke hinzufügen. Nach und nach Kakaopulver und Mehl hinzufügen und weiterrühren. Einen ersten Teil der Masse in den Spritzbeutel füllen. Auf das gefettete, leicht bemehlte Blech circa 5 cm lange Streifen spritzen. Bei 200 Grad circa 10 Minuten backen. Kurz abkühlen lassen. Auf je eine der Bärentatzen etwas Nutella streichen, eine zweite Tatze ohne Nutella daraufsetzen. Glasur im Wasserbad schmelzen, Spitzen der Bärentatzen in die Schokolade tauchen, trocknen lassen

Das Rezept der Bärentatzen habe ich von meiner Oma Katharina – es ist eines meiner Lieblinge zum Fest

Heiße Oma

Zutaten
1 Tasse Milch
1 Schnapsglas Eierlikör
Etwas Rosenzucker

Zubereitung
Milch in einem Topf leicht
erhitzen, mit dem
Eierlikör mischen und mit
Rosenzucker garnieren

Orangenpunsch

Zutaten
1 l Rooibuschtee
1 Orange
1 Zimtstange
2 Nelken
½ l Weißwein
½ l Orangensaft
Etwas Zucker

Zubereitung
Tee kochen, Orange in Scheiben
schneiden. Orangenscheiben,
Zimtstange, Nelken circa
20 Minuten im Tee ziehen lassen.
Tee abseihen.
Wein und Orangensaft
dazugeben, mit Zucker
abschmecken

Tipp:
Schmeckt
auch sehr lecker
mit geschlagener
Sahne

Platz für ein Lieblingsrezept

Platz für ein Lieblingsrezept

Adressen

Oberbuchberger's,
Elisabeth und Anton Taubenberger,
Hofladen am Oberbuchberg GbR,
Gasse 40 a, 83703 Gmund am Tegernsee,
Tel.: 08022/3117, *www.oberbuchberghof.de*

Wildkräuterwerkstatt,
Ferienwohnungen Gundischhof,
Ursl Schwarzenböck, Holzerstraße 31, 83707 Bad Wiessee,
Tel.: 08022/7356, *www.gundischhof.de,*
www.wildes-kraut.com

Naturkäserei TegernseerLand,
Reißenbichlweg 1, 83708 Kreuth am Tegernsee,
Tel.: 08022/1883520, *www.naturkaeserei.de*

Filz und Kunst, Christine Kammerer,
Kalkofen 7, 83700 Rottach-Egern, Tel.: 08022/26452

Handdruckerei Gistl, Gasse 16,
83703 Gmund am Tegernsee,
Tel.: 08022/74876, *www.handdruckerei-gistl.de*

Weitere Bücher aus dem iNDigo Verlag

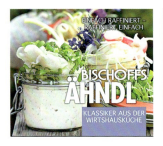

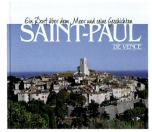

Alle Informationen zu diesem Buch sind von den Autoren mit größter Sorgfalt gesammelt und überprüft worden. Da inhaltliche und sachliche Fehler nicht ausgeschlossen werden können, erklärt der Verlag, dass alle Angaben im Sinne der Produkthaftung ohne Garantie erfolgen und dass der Verlag wie auch die Autoren keinerlei Verantwortung und Haftung für inhaltliche und sachliche Fehler übernehmen. Qualitäts- und Quantitätsangaben sind rein subjektive Einschätzungen der Autoren und dienen keinesfalls der Bewertung von Firmen und Produkten.

indigo Verlag

Hundshager Weg 15
D-65719 Hofheim/Taunus
Telefon: 06192/2001222
E-Mail: indigo.books@t-online.de

Idee/Produktion: Ina Heuer
Rezepte: Elisabeth Taubenberger
Dekoideen für den Tisch: Renate Grossmann
Fotos und Cover: Ralf Krein,
Katharina Rummel (S. 83, S. 105)

Gestaltung: outland design
Schlussredaktion: K+H Pressebüro
Reproduktion: Xiaoying Han-Dubbels
Druckerei: Rasch Druckerei und Verlag GmbH & Co. KG, Bramsche